石油石化员工安全行为图解

中国石油化工集团有限公司安全监管部
中国石油化工股份有限公司青岛安全工程研究院
组织编写

中国石化出版社

图书在版编目（CIP）数据

石油石化员工安全行为图解/中国石油化工集团有限公司安全监管部，中国石油化工股份有限公司青岛安全工程研究院组织编写.—北京：中国石化出版社，2021.4（2021.8重印）
ISBN 978-7-5114-6165-0

Ⅰ.①石… Ⅱ.①中… ②中… Ⅲ.①石油工业－工业企业管理－安全管理－图解 Ⅳ.①F407.226-64

中国版本图书馆CIP数据核字(2021)第044022号

中国石化出版社出版发行

地址：北京市东城区安定门外大街58号
邮编：100011 电话：(010) 57512500
发行部电话：(010) 57512575
http://www.sinopec-press.com
E-mail:press@sinopec.com
北京富泰印刷有限责任公司印刷
全国各地新华书店经销
*
889×1194毫米 64开本 2.5印张
2021年4月第1版 2021年8月第6次印刷
定价：29.00元

前言 PREFACE

石油石化行业安全生产事故统计结果表明，员工的不安全行为是导致事故发生的主要因素。为使员工了解基本的安全行为，规避错误做法，防范事故发生，多家国际石油石化公司都推出了员工安全行为基本法则，国内企业多以安全生产禁令的形式，警示员工的不安全行为，强化员工的安全生产意识，遏制事故发生。中国石油、中国石化、中国海油等石油石化企业均以不同形式发布了《安全生产十大禁令》和各专项禁令，如中国石化的《中国石化安全生产禁令》《人身安全十大禁令》《车辆安全十大禁令》《生产、使用氢气十条规定》《防止硫化氢中毒十条规定》《防止中毒窒息十条规定》等。中国石化在2018年对各类生产禁令和专项规定进行了整合，发布了《中国石化全员安全行为规范（试行）》，并提供了安全行为负面清单的示例。

为进一步提高员工对安全行为的理解，确保员工操作规范，中国石化安全监管部和青岛安全工程研究院共同组织编写了《石油石化员工安全行为图解》，以漫画的形式和通俗易懂的语言对石油石化企业员工安全行为进行了阐释。本书分为基本安全要求和专项安全规则两个部分，基本安全要求强调了员工有权制止不安全行为，要避免各种不安全活动、遵守各项安全规定、加强自我保护；专项安全规则对危险化学品处置、涉硫化氢作业、压缩气瓶、射线作业、油品装卸作业、脚手架安全、格栅板施工作业、吹扫冲洗作业、切割焊接、喷砂除锈作业、试压作业、手持电动工具、夜间作业、雨期（高温、冬季）作业、水（海）上安全、物品搬运等16项作业的安全行为规范进行了逐项说明。

本书以提升石油石化员工安全行为水平为目标，可作为石油石化企业员工自主学习理解安全行为、规范岗位操作的参考。

由于时间有限，书中难免有疏漏不当之处，敬请读者及时指正并提出宝贵意见。

目录 CONTENTS

一 基本安全要求

1. 制止不安全作业

一旦发现有可能导致人员受伤和设备损坏的不安全作业，应立即制止。

2. 避免不安全活动

禁止无资质的人员从事特种作业。

禁止冒名顶替、代签作业票证。

禁止操作设有“危险、勿动”标识的设备。

禁止站在管线、阀门等设备（设施）上作业。

禁止水上作业不按规定穿戴救生衣。

禁止危险化学品装卸人员擅离岗位。

禁止高处作业不系安全带。

禁止在作业区域奔跑（应急处置除外）、嬉戏打闹。

禁止在作业现场佩戴戒指、腕表、珠宝等饰品。

禁止岗前、在岗饮酒，在禁火区域内禁止吸烟。

不得在特定区域擅自使用移动电话、智能手表等非防爆电子设备。

3. 遵守安全规定

在驾驶车辆时，遵守各项安全驾驶要求。

确保车内所有人员系好安全带。

上下楼梯握好扶手，每步上 / 下一个台阶。

确保使用完好的工具与设备。

作业区域保持整洁干净。

在指定区域内休息和进餐。

在搬运重物时，应采用正确的搬运方法，或采用工具辅助。

确保使用的机械设备安全防护罩、安全开关和报警器运行正常。

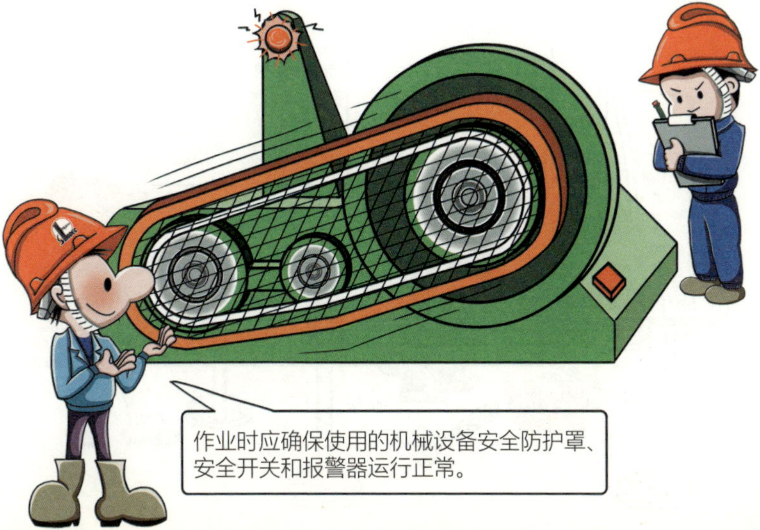

作业开始前，对可能导致人员伤害的设备采用隔离、上锁、挂牌等措施，确保能量隔离。

定期检查灭火器、消防栓等应急救援设施，确保完好。

4. 自我保护

在项目现场及其他特定区域，必须穿戴工作服、工作鞋和安全帽。

进行化学品操作或处理时，必须使用化学品防护眼镜（如有必要使用防护面罩），根据需要穿戴防化手套、防化鞋或防化靴、防化围裙或防化服。挥发性的有毒有害化学品，需要配备相应的呼吸防护用具。

进行电气操作、维修、维护时必须使用适当的电气防护用品，如绝缘鞋、绝缘手套等。

从事存在眼部伤害风险（如有碎片、飞溅）的相关作业时，应佩戴安全眼镜。

在高噪声区域，使用合格的听力防护设备。

从事存在手部伤害风险的相关作业时，必须佩戴正确的手部防护设施（如手套等）。

二 专项安全规则

1. 危险化学品处置

a）运输

押运、装卸人员必须经过培训，具备相应能力。

装运危险化学品时不得客货混装，要有专人押运和装卸。禁止无关人员搭乘装运危险化学品的交通运输工具。

装运危险化学品的车辆通过市区时，应遵守所在地公安机关规定的行车时间和行车路线，中途不得随意停车。

碰撞、互相接触容易引起燃烧、爆炸的危险化学品，以及化学性质、灭火方法互相抵触的危险化学品，不得混合装运，也不能多辆车同时、同地装卸。

化学性质、灭火方法相互抵触的危险化学品放在一起装卸。

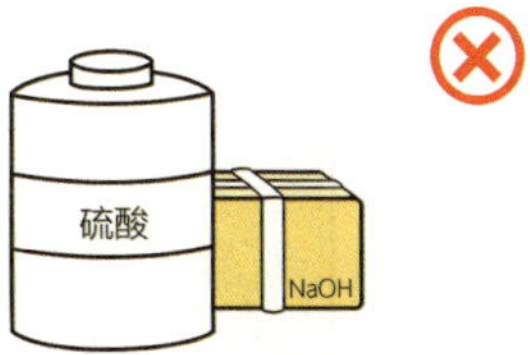

几辆车不能在同一个场景装卸。

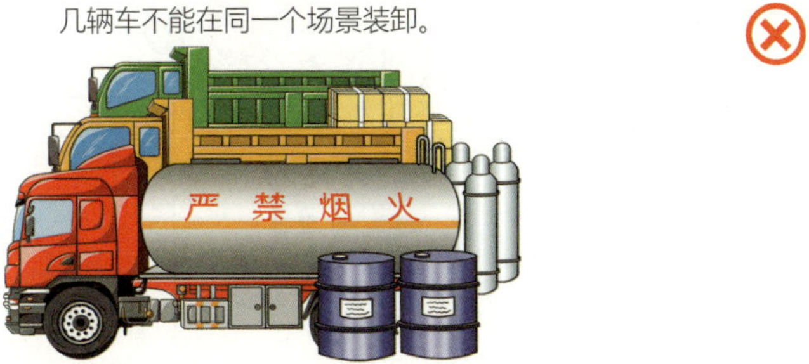

遇热、遇潮容易引起燃烧、爆炸或产生有毒、有害气体的危险化学品，在装运时应采取隔热、防潮措施。

装卸工作宜在白天进行，必须夜间装卸时，要有充分可靠的照明。

b）储存

危险化学品保管人员应熟知所保管危险化学品的化学性质及性能，并掌握所保管危险化学品在发生异常和紧急情况下的处置方法。

危险化学品必须设置专用库房或场地进行储存保管，并设专人实施管理。

危险化学品应分类存放，容易相互发生化学反应或灭火方法不同的物料，应用防火隔板或墙体将其分离储存。

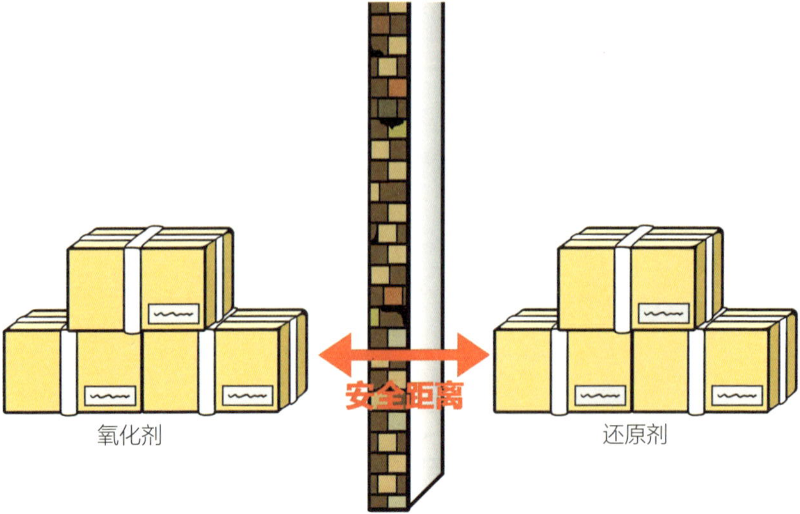

遇水、遇潮容易燃烧、爆炸或产生有毒、有害气体的危险化学品，不得在露天、潮湿、漏雨和低洼容易积水的地点存放。

受阳光照射容易燃烧、爆炸或产生有毒、有害气体的危险化学品和桶装、罐装的易燃液体、气体，应在阴凉通风的地点存放。

凡是因物理、化学性质要求特殊保管的物质，按规定存放，并按不同情况与其他库房保持安全距离。

c）搬运与使用

按照相关化学品危险公告牌（CHB）或安全数据表（SDS）规定，佩戴合适的个体防护装备。

当空气中的化学品浓度超过规定允许接触限值时，应使用空气呼吸器。在搬运、处理挥发性液体时，确保通风良好（使用机械通风或自然通风）。

在混合化学品时，必须使用正确的实验室设备。

每次搬运或处理化学品或危险物质后，彻底清洗双手。

一旦眼睛或皮肤接触到危险化学品，立即用清水冲洗接触部位至少15min，换掉被污染的衣物，立即就医。

危险化学品一旦发生溢漏，在穿戴恰当个体防护装备的前提下立即清理，妥善处置受污染材料。

2. 涉硫化氢作业

进入涉硫化氢风险区域，作业人员须按规定佩戴便携式硫化氢检测报警仪。

进入涉硫化氢风险区域作业人员均应进行硫化氢专项培训、考核合格后方可上岗。硫化氢风险区域、取样点等重点部位应设置警示标识，在装置出入口设置硫化氢危害告知牌。

在未编制施工方案、未检测硫化氢气体浓度的情况下，不得打开或进入有可能存在硫化氢的管线、容器、储罐或设备。

如人员工作的区域硫化氢浓度超过 $30mg/m^3$（20ppm），必须佩戴正压式空气呼吸器。

硫化氢检测仪报警时，必须佩戴正压式空气呼吸器，检查、确认泄漏点并按应急处置程序进行汇报、告知、疏散、处置等。

如区域硫化氢浓度达到150mg/m^3（100ppm）以上，未佩戴空气呼吸器时，不得进入此类区域。

在存在硫化氢风险的区域内，人员发生不明原因的晕厥时，未佩戴个体防护器具的现场人员应立即沿上风向或侧风向撤离，任何人员不得盲目施救。进入现场时必须佩戴正压式空气呼吸器及防化服，严禁使用其他类型的防毒面具。

可能存在硫化铁沉淀物的储罐、容器和管道，应确保暴露在空气中的硫化铁铁锈一直保持潮湿，避免自燃。

硫化氢对人体的影响。

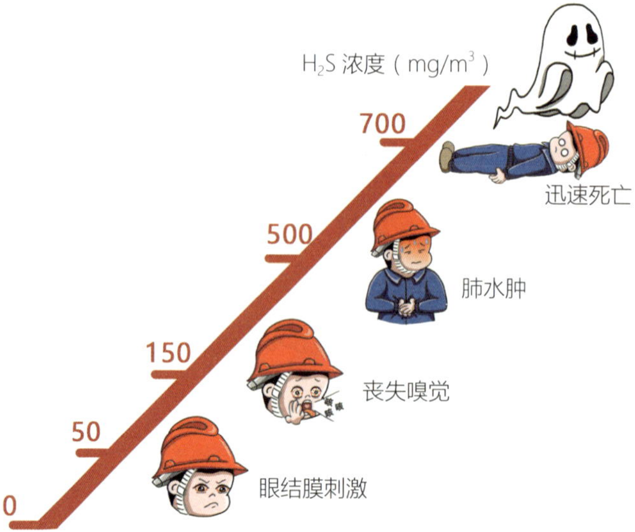

3. 压缩气瓶

气瓶应存放在指定地点并悬挂警示标志，氧气、乙炔或易燃气瓶不得混放。

气瓶放置地点距离明火不应小于10m，氧气瓶与乙炔瓶之间距离不应小于5m。乙炔瓶与氧气瓶应放在通风良好的专用设施内，不得倒放或在烈日下暴晒。

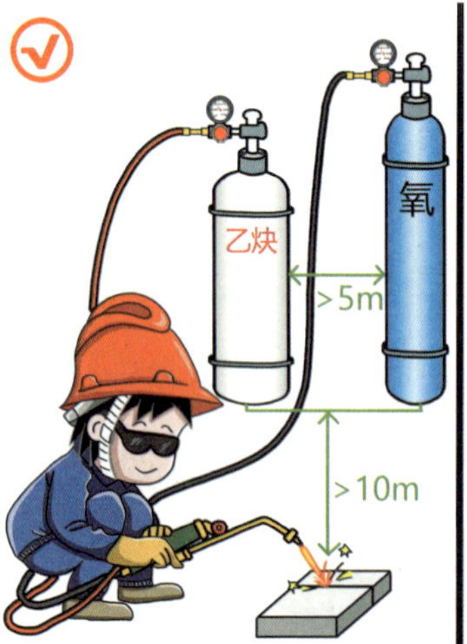

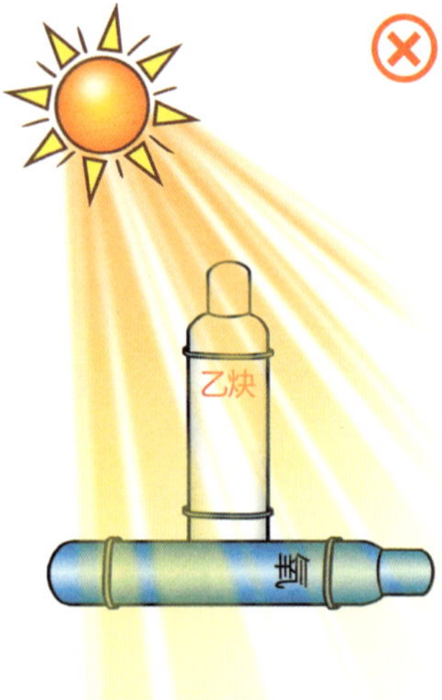

气瓶使用前应对承装的气体进行确认，并检查气管与气瓶连接处是否漏气。

瓶内气体不得用尽，剩余压力不宜小于 0.05MPa。

气瓶搬运时严禁摔、抛、滚和碰撞，无防护帽、防震圈的气瓶不得搬运装车。

乙炔瓶必须安装阻火器，气瓶上的易熔塞应朝向无人处。

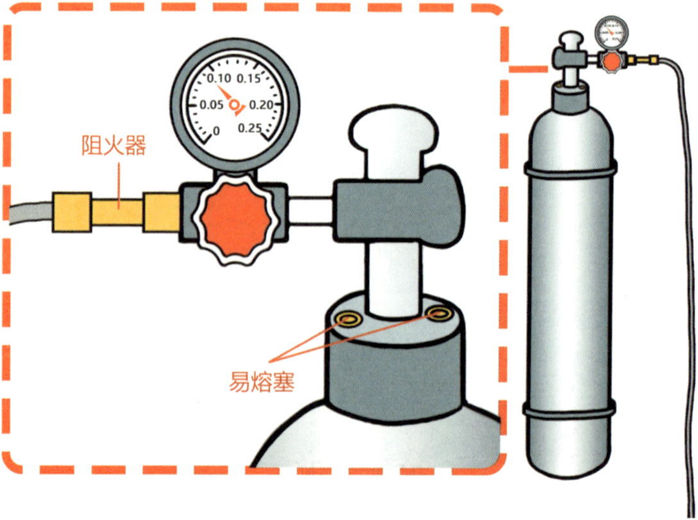

寒冷环境中，气瓶安全装置、气管冻结时，应用40℃温水解冻。

4. 射线作业

射线源工作现场的临时存放场地周围要竖立障碍和告示牌。放射性物质装在合格的容器中运输，容器上要用黄底黑色标准符号书写“辐射危险”。

作业人员必须佩戴符合标准的防护用品，射线作业时必须携带个人剂量检测器。

作业时应设置安全警戒线，有明显的辐射警告标志和警示信号，夜间应设红灯，必要时设专人警戒。

使用射线监测仪划分安全作业区域。

γ 检测作业中应进行操作现场辐射巡测，围绕辐射控制区边界测量辐射水平。

射线源作业时，应一人操作，一人监护。连续工作时间不宜超过 2h。

作业结束后，操作人员应检查确认设备完好、放射源放回到源容器中。

5. 油品装卸作业

在装卸场地使用警戒桩和警戒带设置警戒区域。

在油罐车计量口摆放消防毡。

计量员在上车计量操作时必须佩戴安全帽，穿防静电工作服和工鞋；承运方司机按照规定着防静电工装。

油罐车应连接导静电接地线。装卸时不得携带手机等无线通信工具，不得佩戴钥匙链。

承运方司机应将卸油管连接在油罐车出油接头，计量员将卸油管接在指定的卸油接头，由双方进行确认。

查验油罐车、卸油管和所有操作孔盖、管线、阀门，无漏、溢油迹象。

司机和员工不得离开装卸现场（站长或站长指定人员必须在现场进行监控）。

6. 脚手架安全

脚手架材料入场应进行检查、确认，应有质量证明文件，并符合国家标准。

脚手架作业人员应经过培训考核合格，取得“特种作业操作证”，体检合格后方可上岗。

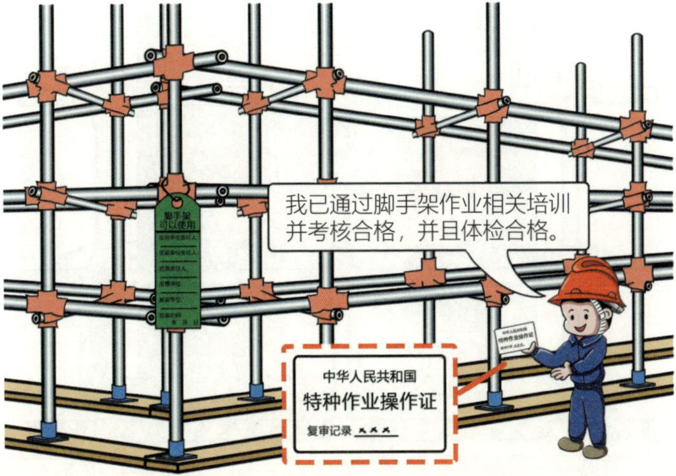

脚手架作业人员应正确使用安全帽、安全带、防滑鞋、工具袋等个体防护装备。

搭设脚手架场地应平整坚实，符合承载要求，脚手架基础临近处严禁挖掘作业。

脚手架搭设前，应对作业人员进行安全技术交底，作业前设置警戒区及安排专人监护。

脚手架搭设中脚手板绑扎牢固，脚手架架杆应把紧，搭设完毕后应检查、验收、挂牌。使用过程中，严禁对脚手架进行切割或焊接；未经批准，不得拆改脚手架。

使用过程中，严禁将脚手架用做悬挂起重设备及其他设备的支撑或受力点。

拆除脚手架前，应进行检查，由上而下逐层拆除，严禁抛掷脚手架材料。

7. 格栅板施工作业

格栅板铺设严禁上下两层或多层同时进行交叉作业，确需交叉作业，必须有隔离措施。

作业过程中作业人员应将小型工具放入工具袋内，施工废料放置废料箱中。

作业区域周边应设置警戒区，并安排专人监护，作业层下方必须拉设安全网。

格栅板应边铺设、边固定，严禁在未固定的格栅板上行走或放置物品。

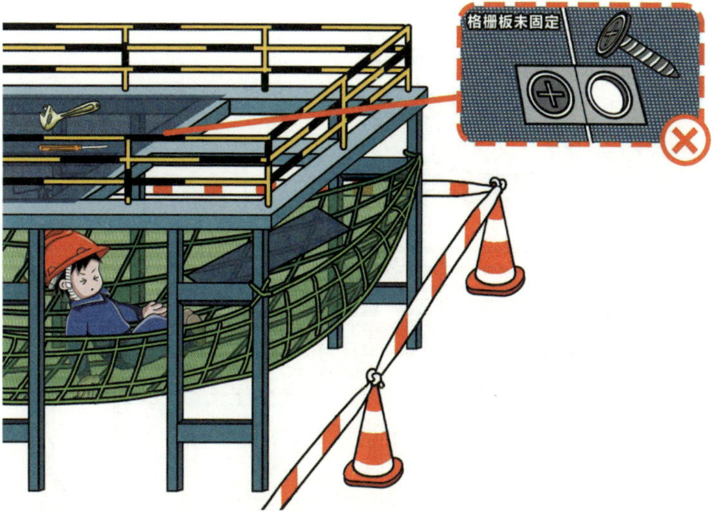

每层或单元格栅板铺设完毕后，应对预留孔洞进行封闭或围护。拆除过程中留下的孔洞、临边需进行防护或封闭，并设置明显警示标识。

禁止直接利用已经安装的格栅板作为吊点，或将大型构件设备直接放置在格栅板上。

在使用过程中，严禁对格栅板进行随意拆除、改动及在格栅板上气割作业。

8. 吹扫冲洗作业

吹扫前确保管道的强度试验和严密性试验（需要时）已完成。

不参与系统吹扫的设备及管道系统，应与吹扫系统隔离。

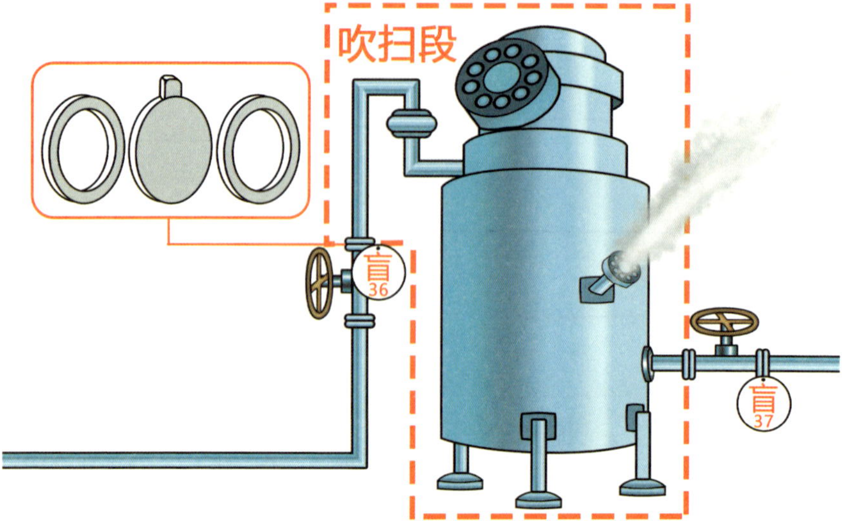

吹扫时需要拆除的阀门、法兰、仪表等，应事先拆除，并用临时短管接通。

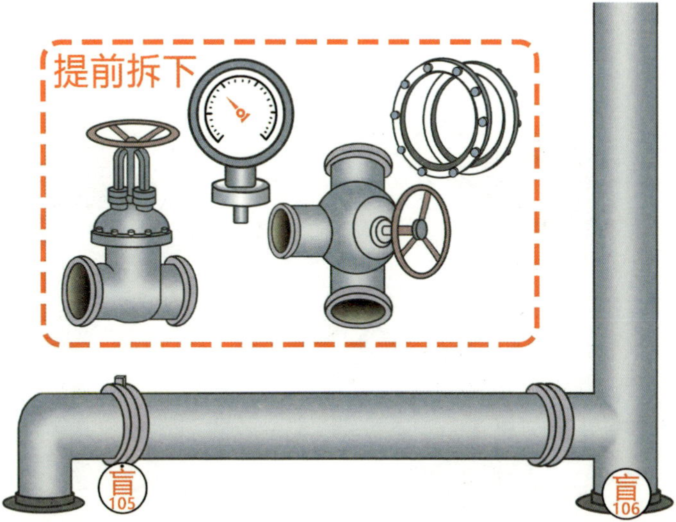

管道系统吹洗施工作业人员，应按安全施工要求，佩戴好防护眼镜、耳罩或耳塞、劳保手套、工作服、工作鞋等劳保用品，防止施工中的人身意外伤害。

蒸汽吹扫的管道系统，人员出入频繁的地方应做必要的防烫保温。

对 $DN \geqslant 600$mm 管道内部人工清扫时，人工清扫的管段应在其两端设置通风口，用轴流风机强制管内空气流通。管内作业时应有必要的照明，照明灯电压应为 12V 以下。管道内使用的电动工具，应设漏电保护器，并一律使用绝缘良好的橡胶软线。

油清洗作业时，油品应摆放在安全地点，油品应回收禁止随地排放，作业区域内应禁止烟火，并设有消防设施。

禁油管道空气吹扫时，应加设合格的过滤器，抽样检验合格后，方可进行吹扫作业。蒸汽及空气吹扫的管道系统，吹扫前应将系统上的弹簧支架及膨胀节等锁紧，防止吹扫时引起剧烈振动伤害设备及管线。

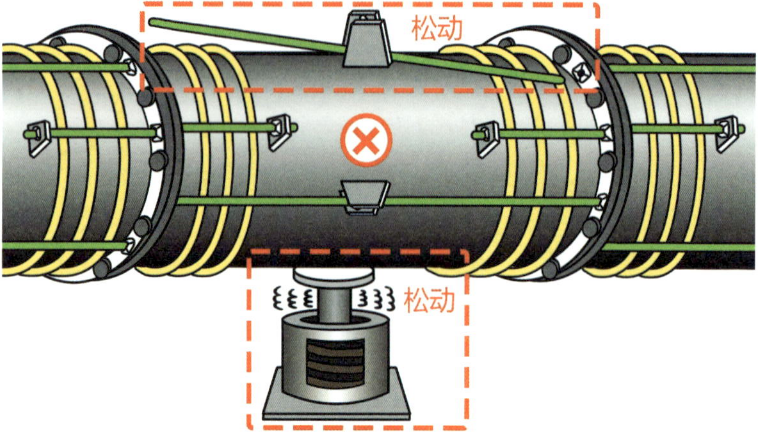

9. 切割、焊接

切割、焊接作业应办理作业许可、设置警戒区、安排专人监护。切割、焊接设备及工具应保持完好。

切割、焊接人员使用的个体防护用品，应符合国家有关标准规定。

严禁在带压、可燃、有毒介质管道或设备上进行作业。

高处作业时，电焊机二次线电缆应与脚手架绝缘并绑牢。

氧气、乙炔、氩气气带应用不同颜色区分，气带应按时检查，不得有破损。

不得对悬挂在起重机吊钩上的工件、设备进行切割、焊接作业。

切割、焊接作业完毕后应检查周围环境，熄灭所有火源后，方可离开。

10. 喷砂除锈作业

喷涂设备及工具应保持完好。

喷涂作业场所应有良好的通风，作业人员应穿戴劳动防护用品。

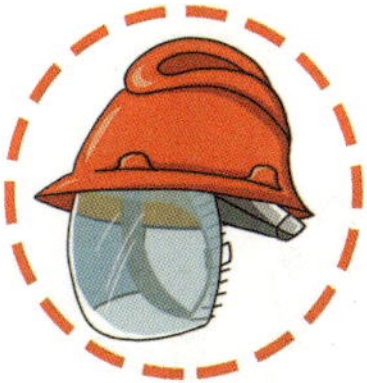
送风式头盔

劳保服

防护手套

耳罩

喷砂作业应在喷砂室或设置围栏的专用区域进行。

喷砂作业多人操作时，不得把喷嘴对准作业人员。在封闭的作业区域醒目处设置职业危害因素告知牌，并在作业部位设置安全警示标志。

多人作业时，对面不得站人，非作业人员不得进入作业区域，整个作业过程须有人监督。

严禁在涂装作业的同时开展动火作业。

11. 试压作业

设备及管道试压前，应进行试压条件确认。

试压作业应设置警戒区并安排专人监护。

压力表的精度等级不得低于 1.5 级，经校验合格，其量程为试验压力的 1.5~2.5 倍。

试压用的法兰盖、盲板的厚度应经计算确定，加设位置应登记。

试压过程中设备或管道不得受到撞击。升压和降压应按试压方案进行，操作应缓慢。

耐压试压时，带压介质泄漏方向不得站人。

试压过程中发现泄漏，严禁带压紧固螺栓、补焊或修理。

12. 手持电动工具

禁止在易燃易爆环境中使用非防爆电动工具，如存在易燃液体、气体或粉尘的环境。

未经恰当的培训，禁止使用此类电动工具。

当使用电动工具或在电动工具旁作业时要佩戴合适的眼部和听力防护装备。

工作时衣服穿戴要合适，不要穿过于宽松的衣服或佩戴首饰，头发、衣角和手套等应远离转动部分。

工具必须由专职人员定期检查。长期搁置不用的工具，在使用前必须测量绝缘电阻，经检查合格后，方可使用。工具如有绝缘损坏，软电缆或软线护套破裂，保护接地或接零线脱落，插头插座裂开或有损于安全的机械损伤等故障时，应立即进行修理。未修复前，禁止继续使用。

13. 夜间作业

夜间作业，必须保证照明充足，安排专人监护。夜间作业，作业人员需穿戴带有反光标志的劳动防护用品。

涉及垂直交叉作业原则上不安排夜间进行，如必须进行，保证照明充足，安全措施到位。

夜间作业需要控制场内道路交通时，应提前设置警示、警戒和指示标识。

悪劣气象条件下，禁止进行露天夜间作业。

除了焊接、切割类的特殊作业之外，其他作业人员不允许使用彩色眼镜或墨镜。

爆炸危险区域内必须使用防爆灯具，室外固定照明必须使用防雨型灯具。

夜间施工现场周围的孔洞、沟、基坑等位置，必须设置可靠的防护措施及警示标志。

14. 雨期、高温、冬季作业

在雨期、高温、冬期施工应制定应急预案，落实安全技术措施。

雨后、大雪前后，应检查现场临时设施、机具设备是否安全可靠。大风、大雨、大雪后，要组织人员检查脚手架是否牢固。冬季复工，应对现场临时设施、机具设备、脚手架等进行安全检查。

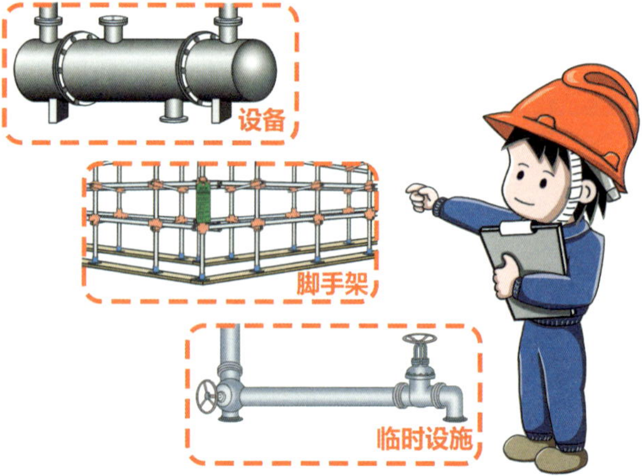

雨期前应清除基坑、管沟临边多余的弃土，过程中定期检查基坑、管沟支护情况。

高温作业应设置遮阳（隔热）屏障，减少作业人员接触高温热辐射，配备防暑降温用品。

风雪过后吊装作业，应当检查安全保险装置并先试吊，确认无异常。

冬季施工用的工业用盐等化工原料，应有专人专库保管，以防误食中毒。

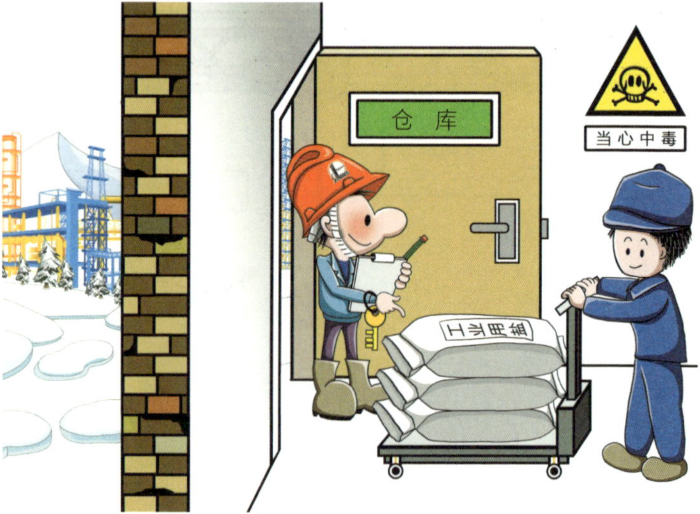

15. 水（海）上安全

水上作业人员应取得海上求生、急救、消防等三项安全培训证书。在水面上方或临时作业时，应穿戴个人漂浮装置。使用全身式安全带、系索或救生索。确保有监护人员。

确保救生圈配备到位，能够随时用于援救。

16. 物品搬运

a）现场存放

确保储存区域配备充足的、适用的消防设备，且能够方便取用。

妥善堆放、架放、拦挡或采用其他安全方式分层存放物品，防止物品滑动或掉落。

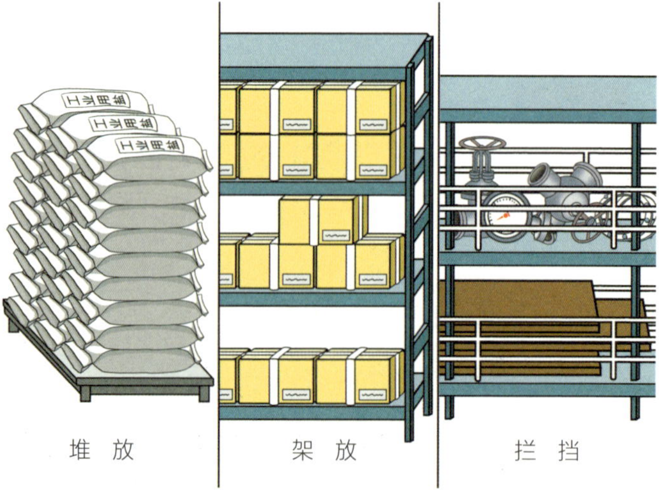

妥善堆放并拦挡钢结构、杆、管、棒材及其他圆柱形物品，防止其散开或倾斜。

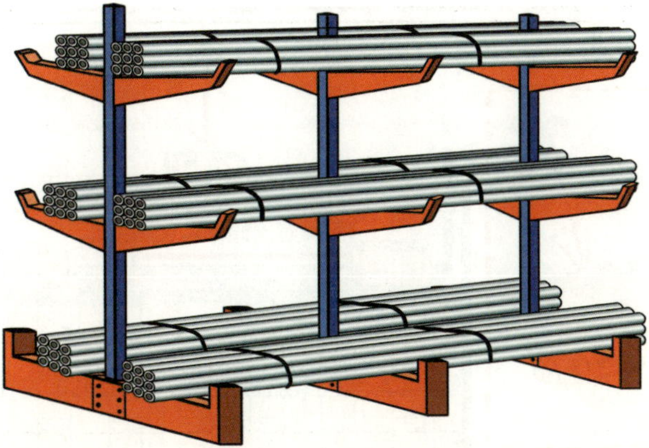

整齐放置，预防危险事件发生

将物品存放在搁架时，不得超出搁架承载能力。小件物品存放在箱内，应做标识，注明所装物品。架子上的物品堆放高度不得妨碍消防喷淋系统正常运行。

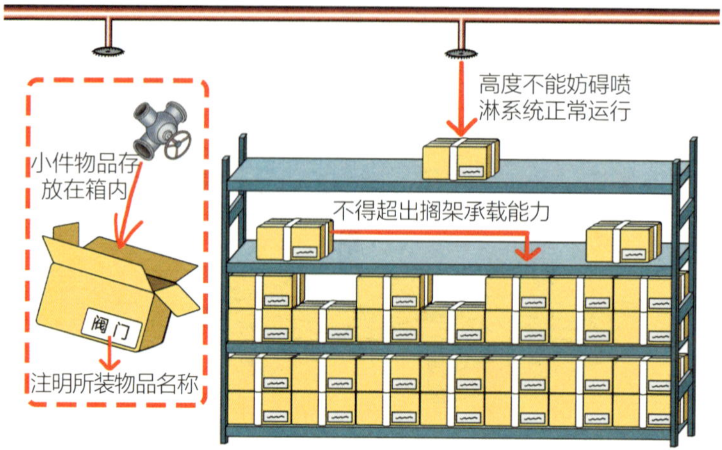

保持储存区域和走道畅通、干净整洁、无废物垃圾。确保人员能够正常搬运物料，设备能够正常出入。

b）人工搬运

在搬运重物时，应考虑身体承受能力，条件允许时，尽量使用工具或提升辅助装置。

人工搬运物体时，双腿下蹲降低重心，背部保持笔直，同时收紧腰腹部，抓牢重物，双脚站稳，手臂靠近身体。在搬起物体时，避免扭转身体等大幅度动作。

尽量将物体靠近身体。

c）管件搬运

不参与搬运的人员应远离装卸区。

驾驶员在进入设施或工作区域时，应通报负责人。

卡车拖挂车在装卸区移动时，应牢牢固定所有货物。驾驶员应查验拖挂车上货物摆放和固定情况。

成捆运输管材时，每捆管材质量应接近。

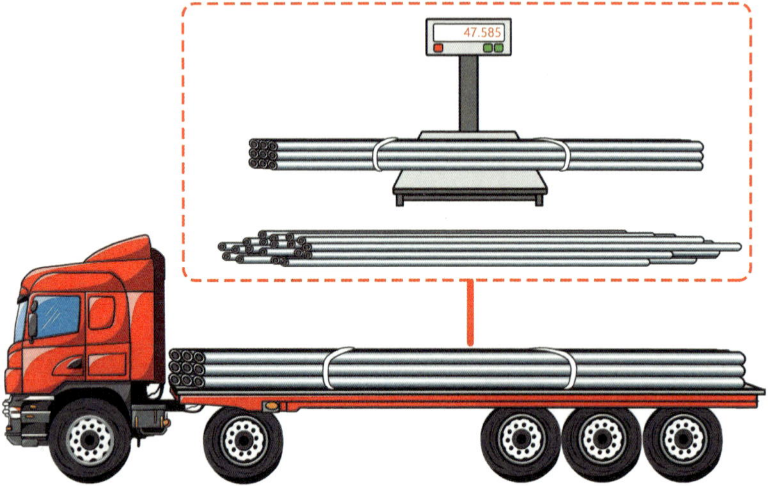